www.ingramcontent.com/pod-product-compliance
Lightning Source LLC
Chambersburg PA
CBHW031934080426
42734CB00007B/688
9781997503132

ـ ـ ـ ـ ـ ـ ـ ـ ـ ـ ـ ـ ـ انتشارات آسمانا ـ ـ ـ ـ ـ ـ ـ ـ ـ ـ ـ ـ ـ

ریحان بوستان‌افروز

بر طرز و ترتیب ادبیات فرنگستان امروز

میرزا آقاخان کرمانی

به کوشش م. رضایی تازیک

نشر آسمانا، تورنتو، کانادا
۱۴۰۴/۲۰۲۵
آسمانا

ریحان بوستان‌افروز

بر طرز و ترتیب ادبیات فرنگستان امروز

نویسنده: میرزا آقاخان کرمانی

به کوشش: م. رضایی تازیک

ناشر: آسمانا، تورنتو، کانادا

طرح جلد: محمد قائمی

صفحه‌آرا: آتلیه نشر آسمانا

چاپ اول: آگوست/۲۰۲۵ ۱۴۰۴

شماره آی‌اس‌بی‌ان: ۹۷۸۱۹۹۷۵۰۳۱۳۲

Asemanabooks.ca

این کتاب با رسم‌الخط مدنظر مصحح منتشر شده است.

ریحان بوستان‌افروز

بر طرز و ترتیب ادبیات فرنگستان امروز

میرزا آقاخان کرمانی

به کوشش م. رضایی تازیک

تقدیم به شکوه میرزادگی

فهرست مطالب

پیشگفتار مصحح

هزار سال فزون شد که ادبیّات مشرق هرچه به زبان عرب آمیخته‌تر بوده و هرچه جمله‌های عربی در کلام بیشتر افزوده‌اند، پیش اهل کمال مطبوع و پسندیده‌تر جلوه نموده؛ برعکس هرچه ساده‌تر گفته و نوشته‌اند، کسی اهمّیت نداده، بل وقعی ننهاده‌است. (بخشی از کتاب پیش رو).

درباره‌ی زندگی، آثار و اندیشه‌های میرزا آقاخان کرمانی (۱۸۵۳ / ۱۸۵٤ ـــ ۱۸۹٦ میلادی) یکی از تواناترین نویسندگانِ ایرانمدار، یکی از بنیانگذارانِ گفتمانِ انقلابِ مشروطیت و یکی از تاثیرگذارترین نقادانِ دین و حکومت در قرن نوزدهم میلادی، کتابها و مقالات زیادی نوشته شده‌اند. [۱] از اینرو در ادامه تنها به کتابِ «ریحان بوستان‌افروز» او می‌پردازم که اینک برای نخستین بار منتشر می‌شود.

نام کامل کتاب «ریحان بوستان‌افروز بر طرز و ترتیب ادبیات فرنگستان امروز» است و آقاخان کرمانی، چنانکه خودش در کتاب یادآور شده، طرح آن را در استانبول ریخته و پس از تبعید شدن به طرابوزن «برای گذرانیدن وقت و اشتغال خاطر» به نگارش‌اش پرداخته، و احتمالا آخرین اثر اوست. کتاب به صورت ناقص بدست ما رسیده و تنها بیست صفحه از آن در دست است. تاریخ نگارش آن ذیقعده‌ی ۱۳۱۳ هجری قمری برابر با ۱۸۹٦ میلادی و ۱۲۷۵ خورشیدی است. آقاخان کرمانی در این کتاب نه‌تنها بر ادبیات کلاسیک و معاصر زمان خود، بلکه حتی بر آثار پیشین خویش نیز می‌شورد و خواستار بازنگری بنیادی در ادبیات می‌شود؛ ادبیاتی که برای آن کارکرد اجتماعی قائل است.

کتاب پیش رو از روی نسخه‌ی مجتبی مینوی ضبط شده، و این نسخه به شماره «۶۷۰۲ گ» در کتابخانه‌ی مجلس شورای اسلامی موجود است. این نسخه احتمالا از سوی محمد گلبن به کتابخانه اهدا شده است. گلبن در حاشیه‌ی کتاب می‌نویسد: «از

روی نسخه‌ی منحصر بفرد استاد مجتبی مینوی با اجازه‌ی ایشان عکس گرفته شد و این نسخه‌ی عکسی دومین نسخه‌ای است که از این کتاب که اثر و خط میرزا آقاخان کرمانی است در دست است. محمد گلبن، تهران، ۱۳٤۹/۱۰/۱٤»؛ «میرزا آقاخان کتاب را در ده بخش تألیف کرده که متأسفانه جز مقداری از تمام کتاب در دست نیست یا اگر هست ما از آن اطلاعی نداریم. محمد گلبن، تهران، ۱۳۵۰/۸/۲۸». جستجوهای من به یافتن تنها یک نسخه از کتاب «ریحان بوستان‌افروز» انجامیده، و به‌جز گلبن ندیده‌ام شخص دیگری از نسخه دومی‌ای نام برده باشد.

فریدون آدمیت درباره‌ی «ریحان بوستان‌افروز» می‌نویسد که «آخرین اثر میرزا آقاخان است و فقط بیست صفحهٔ آنرا نوشته و ناتمام مانده» و می‌افزاید: «نسخهٔ اصلی و ناتمام ریحان به خط مولف شامل یک مقدمهٔ مهم انتقادی و فهرست فصل‌ها و قسمتی از فصل اول آن است. در مقدمهٔ آن سبک و معنی آثار ادبی ایران را یکسره به باد انتقاد گرفته و حتی به شیوهٔ نگارش خویش در رضوان به تقلید گلستان سخت ایراد نموده است. و خواسته اثر ادبی نوی بوجود آورد که به درد دنیای جدید و مترقی بخورد. گفتارش وسط یکی از حکایت‌ها قطع شده، معلوم است با دستگیری خود و یارانش آنرا برای همیشه نیمه کاره گذارد.» در پانویس نیز آمده است: «نسخهٔ منحصر به فرد موجود در تصرف استاد مجتبی مینوی است». [۲] ایرج پارسی‌نژاد نیز درباره‌ی «ریحان بوستان‌افروز» از جمله می‌نویسد که این کتابِ ناتمام «یادگار دوران بلوغ فکری میرزا آقاخان است، دورانی که او در نتیجهٔ آشنایی با عقاید و افکار نویسندگان و متفکران عصر روشنگری اروپا در جستجوی اندیشه و معنا در ادبیات است و دربارهٔ ادبیات فارسی رایج زمانه‌اش، در مقایسه با ادبیات اروپایی، نظری انتقادی دارد». از ارجاعات پارسی‌نژاد هم برمی‌آید که او تنها به همان نسخه‌ای که آدمیت و من از آن یاد کرده‌ایم، دسترسی داشته است. [۳]

در کتاب پیش رو کوشیده‌ام تا جایی که ممکن است رسم‌الخط آقاخان کرمانی حفظ شود. ترجمه‌ی آیاتِ قرآن به فارسی بر مبنای ترجمه‌ی بهاءالدین خرمشاهی

صورت گرفته است. [٤] برخی از احادیث را در تارنمای «جامع الاحادیث» یافته‌ام و اطلاعات برآمده از این پایگاه را در پانویس‌ها بازگو کرده‌ام. [٥] منبعِ فرهنگِ لغتِ فارسی‌ای که به آن رجوع کرده‌ام روی هم رفته «دهخدا» است. [٦]

بسیارانی در شکل‌گیری این کتاب نقش داشته‌اند و بدون آنها این کتاب هیچ‌گاه نمی‌توانست بدین شکل منتشر شود، و تنها به دلیل شرایط حاکم بر ایران است که از فهرست نامشان خودداری کرده‌ام. باری، یادشان با من است و دستشان را دورادور می‌فشارم.

م. رضایی تازیک

ژوئیه ۲۰۲۵ برابر با تیرماه ۱۴۰۴

زوریخ، سوئیس

پی‌نوشت‌ها:

۱. پیش از اینکه فهرستی از پژوهشهایی درباره آقاخان کرمانی و آثارش به دست دهم یادآوری چند نکته را ضروری می‌بینیم. نخست اینکه آقاخان کرمانی جزو اندیشمندان «نیمه تمام» است؛ یعنی اینکه باید این مهم را همیشه در پس ذهن داشت که او هیچ‌گاه زمانی کافی برای تجدید نظر در اندیشه‌های دینی‌اش نیافت؛ چرا که در سن تقریبا چهل‌ودو سالگی از عثمانی آن روز به ایران برگردانده و به فجیع‌ترین وضع ممکن کشته شد. دوم اینکه سخت بر این باورم که در تمام پژوهش‌هایی که من از آنها مطلع‌ام، ابعاد فکری آقاخان کرمانی (در رابطه با دین و نقد دین) در جامعیت ترسیم نشده‌اند، و پژوهش مانگول بیات فیلیپ (Mangol Bayat Philipp) تا حدودی یک استثناست. سوم اینکه اکثر آثار آقاخان کرمانی، پیش از اینکه به چاپ برسند، به صورت خطی تکثیر و مطالعه می‌شده‌اند. چهارم اینکه آثار از دست نرفته و چاپ نشده کرمانی در کتابخانه‌های ایران به صورت خطی موجودند.

الف) برای مطالعه کتابها و نامه‌های چاپ شده آقاخان کرمانی بنگرید به:

ــ *فن گفتن و نوشتن*، به کوشش م. رضایی تازیک، کانادا، نشر آسمانا، ۲۰۲۵/۲۰۲٤.

ــ *تاریخ شانژمانهای ایران*، به کوشش م. رضایی تازیک، کانادا، نشر آسمانا، یکم آگوست ۲۰۲٤.

ــ *رضوان*، تصحیحِ هارون وهومن، لس آنجلس، شرکت کتاب، چاپ نخست، پائیز ۱۳۸٦ / ۲۰۰۷ میلادی.

ــ *هفتاد و دو ملت*، با مقدمه‌هایی از حسین کاظم‌زاده ایرانشهر و محمد خان بهادر، برلین، چاپخانه ایرانشهر، چاپ نخست ۱۳۰٤ خورشیدی / ۱۹۲۵ میلادی. [این کتاب از جمله از سوی نشرِ البرز به تاریخ تیر ۱۳۸۷ برابر با ۲۰۰۸ میلادی بازنشر شده].

ــ ترجمه *عهدنامه مالک اشتر*، تهران، ۱۳۲۱. [این کتاب را ندیده‌ام و به توضیحات آدمیت تکیه کرده‌ام (آدمیت، *اندیشه‌های آقاخان کرمانی*، ص. ٦۷)].

ــ *آیینه‌ی سکندری*، به اهتمام علی اصغر حقدار، تهران، نشر چشمه، چاپ نخست، پائیز ۱۳۸۹. [این کتاب نخستین بار در تهران در سال ۱۳۲٦ منتشر شده (آدمیت، *اندیشه‌های آقاخان کرمانی*، ص. ۵۵)].

ــ هشت *بهشت*، بی‌جا و بی‌تاریخ. [فریدون آدمیت تاریخ انتشار این کتاب را از ناشر جویا شده و آن را «تهران، مرداد ۱۳۳۹ شمسی» ذکر کرده (آدمیت، *اندیشه‌های آقاخان کرمانی*، ص.٦۳، پانویس ۲). نسخه‌ای از این کتاب نیز از سوی «پیروان آئین مقدس بیان» در زمستان سال ۲۰۰۱ میلادی منتشر شده است].

ــ *ان شاءالله ماشاءالله*، تصحیح هارون وهومن و بیژن خلیلی، لس آنجلس، شرکت کتاب، چاپ نخست، پائیز ۱۳۸٦ / ۲۰۰۷ میلادی. [دو نسخه خطی ضمیمه این کتاب‌اند. این کتاب از جمله به آلمانی ترجمه شده است. بنگرید به:]

Rezaei-Tazik, Mahdi; Mäder, Michael: «Gottvertrauen auf dem Prüfstand – Ein Disput iranischer Intellektueller», in: *Wissenschaft, Philosophie und Religion — Religionskritische Positionen um 1900*, published by Anke von Kügelgen, Berlin, Klaus Schwarz Verlag, first edition, 2017, pp. 196-228.

ــ سه مکتوب، به کوشش و ویرایش بهرام چوبینه، فرانکفورت آم مین، نشر البرز، چاپ نخست، آپریل ۲۰۰۵.

ــ *صد خطابه*، به کوشش محمد جعفر محجوب، لوس آنجلس، شرکت کتاب، ۲۰۰٦. [کار محجوب بهترین ضبطی است که من تا به حال از این کتاب دیده‌ام. کسان دیگری هم از جمله محمد خان بهادر پیش از انقلاب اسلامی و هارون وهومن پس از انقلاب اسلامی این کتاب را منتشر کرده‌اند].

ــ *سالارنامه [نامه باستان]*، به تصحیح، مقدمه و تعلیقات حمیدرضا خوارزمی و وحید قنبری ننیز، تهران، نشر تاریخ ایران، چاپ نخست، ۱۳۹۸. [خوارزمی و قنبری ننیز «*سالارنامه*» را منتسب به آقاخان کرمانی و احمد بن ملاحافظ کرمانی دانسته‌اند؛ شاید به این دلیل که احمد بن ملاحافظ کرمانی دنباله «*نامه باستان*» را از آغاز اسلام تا زمان مظفرالدین‌شاه سروده و در

چهارچوب جلد دوم با عنوان «*سالارنامه*» منتشر کرده است. (بنگرید به مقدمه ویراستاران یادشده و همچنین آدمیت، *اندیشه‌های میرزا آقاخان کرمانی*، ص. ٥٤)].

ـ *نامه‌های تبعید*، به کوشش هما ناطق و محمد فیروز، کلن، چاپ افق، چاپ دوم، پائیز ۱۳۶۸. [این کتاب از جمله در برگیرنده ۳۵ نامه از کرمانی به میرزا ملکم خان است. ۲۸ نامه از کرمانی (همراه با عکسی از آنها) نخستین بار از سوی سروان محمد کشمیری با عنوان «نامه‌هائی از میرزا آقاخان کرمانی» در مجله‌ی «بررسی‌های تاریخی»، شماره ٤ و ٥، سال چهارم، پیش از انقلاب اسلامی، منتشر شدند].

ب) برای مطالعه (برخی از) آثاری که درباره آقاخان کرمانی نوشته شده‌اند بنگرید به:

ـ پارسی نژاد، ایرج: *روشنگران ایرانی و نقد ادبی*، تهران، انتشارات سخن، ۱۳۸۰، صص. ۱۱۷ تا ۱۵۲.

ـ افضل‌الملک، محمود [برادر شیخ احمد روحی]: *شرح حال میرزا آقاخان کرمانی*، نسخه خطی موجود در «کتابخانه مرکزی و مرکز اسناد دانشگاه تهران ـ بخش دیداری و شنیداری»، بدون تاریخ. [در خود متن عنوان کتاب «شرح زندگانی میرزا آقاخان، فیلسوف کرمانی» ذکر شده. این کتاب در مقدمه‌ی هشت *بهشتِ* آقاخان کرمانی، که گفته می‌شود احمد روحی نیز در نگارش‌اش دخیل بوده، آمده است].

ـ کرمانی، ناظم‌الاسلام: *تاریخ بیداری ایرانیان*، بخش اول، انتشارات آگاه، انتشارات بنیاد فرهنگ ایران، انتشارات لوح، به اهتمام علی اکبر سعیدی سیرجانی، تابستان ۱۳۵۷، صص. ۱۱ تا ۱۲. [این کتاب برآمده از ثبت دیده و شنیده های ناظم‌الاسلام کرمانی است که از ذی الحجه ۱۳۲۲ (برابر با بهمن ۱۲۸۳ / فوریه ۱۹۰۵) آغاز شده‌اند].

ـ پدیدار، ر.: *نقد اندیشه‌ی میرزا آقاخان کرمانی*، به کوشش محمد علی تحویلی، انتشارات گام، چاپ دوم، تابستان ۱۳۳۷. [چاپ نخست کتاب به تاریخ آبان ماه ۱۳۰۵ صورت گرفته. در «توضیح ناشر»، در صفحه ٥، از جمله آمده است که «این رساله در سال ۱۳۰۵ شمسی نوشته شده و طی همان سال در شماره‌های ۸ ـ ۹، ۱۰ ـ ۱۱ و ۱۲ مجلهٔ *فرهنگ* بچاپ رسیده.» در این کتاب اندیشه‌های آقاخان کرمانی عمدتا بر مبنای کتابهایی چون «سه مکتوب»

و «صد خطابه»، و از دریچه اندیشه‌های مارکسیستی / نبرد طبقاتی تجزیه و تحلیل شده‌اند و ناسیونالیسم نژادی مطرح شده از سوی او مورد نقد قرار گرفته است].

ــ آدمیت، فریدون: *اندیشه‌های میرزا آقاخان کرمانی*، انتشارات پیام، تهران، چاپ دوم، ۱۳۵۷. [فریدون آدمیت نخستین پژوهشگری است که کوشیده است آثار آقاخان کرمانی را در جامعیت معرفی کند؛ اما خوانشی که از دین و نقد دین در اندیشه او به دست داده یک سویه است. او از آقاخان کرمانی سیمای یک شخصیت سکولار را به دست داده؛ خوانشی که با جامعیت آثار او همخوانی ندارد].

— Bayat-Philipp, Mangol: *Mirza Aqa Khan Kirmani: a nineteenth century Persian revolutionary thinker*, Los Angeles: University of California (PhD), 1971.

- Bayat-Philipp, Mangol: «Mīrzā Āqā Khān Kirmānī: a Nineteenth-Century Persian Nationalist», in: *Middle Eastern Studies* 10 (1974), pp. 36-59.

- Bayat-Philipp, Mangol: «The Concepts of Religion and Government in the Thought of Mīrzā Āqā Khān Kirmānī, a Nineteenth-Century Persian Revolutionary», in: *International Journal of Middle Eastern Studies* 5 (1974), pp. 381-400.

- Bayat, M.: «Āqā Khān Kermānī», in: *Encyclopaedia Iranica, Last Updated: August 5, 2011,* accessible via: «https://iranicaonline.org/articles/aqa-khan-kermani» (Last access: March 2024).

[تا آنجایی که من مطلع‌ام، این مهم که صفحات نخستین «سه مکتوبِ» کرمانی نوعی رونویسی از «مکتوباتِ» فتحعلی آخوندزاده است، از دیده مانگول فیلیپ بیات پنهان مانده].

ــ بختیاری، منوچهر: *کارنامه و تاثیر دگراندیشان ازلی در ایران ــ جدال حافظه با فراموشی*، انتشارات فروغ، کلن، چاپ نخست، پائیز ۱۳۹۵ / ۲۰۱۶ میلادی. [این کتاب حاوی منابع و اطلاعات بسیار فراوانی درباره‌ی آثار، فعالیتها و تاثیر اندیشه‌های آقاخان کرمانی بر نسلهای بعد می‌باشد؛ و روی‌هم‌رفته می‌توان گفت که بختیاری، اندیشه‌های آقاخان کرمانی را از دریچه‌ی بابیسمِ ازلی تجزیه و تحلیل کرده است].

ــ عبدالمحمدی، پژمان: *تأثیر اندیشه‌ی سیاسی میرزا آقاخان کرمانی بر انقلاب مشروطه ایران*، ترجمه‌ی عرفان آقایی، بازنشر شده در سایت «جنبش سکولار دموکراسی ایران»، مرداد ۱۴۰۱ برابر با آگوست ۲۰۲۲. [عبد المحمدی در این مقاله آقاخان کرمانی را یک اندیشمند سکولار (در معنای سیاسی و فلسفی کلمه) دریافته؛ دریافتی که با جامعیت آثار آقاخان کرمانی همخوانی ندارد].

«https://isdmovement.com/2022/0822/081122/081122.Pejman-Abdolmohammadi-Re-Mirza-Agha-Khan-Kermanyhtm.htm» (Last access: March 2025).

ــ آجودانی، ماشاء الله: *هدایت، بوف کور و ناسیونالیسم*، انتشارات فروغ و انتشارات خاوران، پاریس و کلن، چاپ دوم، زمستان ۱۳۹۲ (۲۰۱٤)، چاپ نخست پائیز ۱۳۸۵ (۲۰۰٦). [آجودانی در این کتاب نیم‌نگاهی هم به تاثیر اندیشه‌های آقاخان کرمانی بر صادق هدایت داشته].

- Rezaei-Tazik, Mahdi: *Ahmad-e Kasrawīs Konzept einer «reinen Religion» (pākdīnī) im Dienste eines vereinten und fortschrittlichen Iran: Ein Beitrag zur Religionskritik im Iran*, (PhD, 2021), accessible via:

«https://boristheses.unibe.ch/4295/21/21rezaei_m.pdf» (Last access: March 2025).

[در این کتاب/پایان‌نامه‌ی دکترا از جمله به تاثیراتی که کسروی از کرمانی گرفته پرداخته‌ام].

۲. آدمیت، *اندیشه‌های میرزا آقاخان کرمانی*، صص. ۵۱ تا ۵۲.

۳. پارسی نژاد، *روشنگران ایرانی و نقد ادبی*، ص. ۱۲۳ و ص. ۱٤۸.

٤. ترجمه‌ی قرآن از بهاء الدین خرمشاهی، [تهران]، انتشارات دوستان، چاپ ششم، زمستان ۱۳۸٦.

۵. بنگرید به:

https://hadith.inoor.ir/fa/home (Last access: Juni 2025).

٦. بنگرید به:

https://icps.ut.ac.ir/fa/dictionary (Last access: Juni 2025).

ریحان بوستان‌افروز

هذا

کتاب ریحان بوستان‌افروز

بر

طرز و ترتیب ادبیات فرنگستان امروز

اثر

بنده‌ی ناچیز عبدالحسین، الشهیر بمیرزا آقاخان کرمانی

هنگام

توقف طرابزون طرب‌افزون، شهر ذیقعدهٔ الحرام

سنه ۱۳۱۳

[دیباچه]

هو

کتاب ریحان بوستان‌افروز

بسم الله الرحمن الرحیم

نیایش کنم داور پاک را، که ماورای طبیعت است و منزّه از ادراک بشریّت، منکرانش به جهل متّصفند و موحّدانش بعجز معترف، چه آنکس که حلولی شد جَهول بود و آنکه فلسفی گشت ابوالفضول. آنکس که موحّدش خواند توحید ندانست و آنکو مفارقش شمرد تصور نتوانست.

لطیفة

در همه گیتی چون نیک نظر کنی کافر یک است و مؤمن اندک.

درود بسیار بر پیمبران بزرگوار که کافِل[1] سعادت بنی‌آدم‌اند و حامل قانون مُحکم، بویژه بر وَخشور[2] گرامی که واپسین رسل است و نماینده‌ی سُبُل،[3] و هریک از آل پاک و اصحاب تابناکش که نجوم آسمان هدایتند و سعادت بشر را متمم و غایت. سپس مُؤلف این نامه به‌جهتِ بصیرتِ اربابِ قدرتِ خامه چنین گوید:

---

[1] یعنی: «پذیرنده»، «ضامن».

[2] یعنی: «پیامبر».

[3] جمعِ «سبیل» و بمعنی «راهها» است.

تأسّف

هزار سال فزون شد که ادبیّات مشرق هرچه به زبان عرب آمیخته‌تر بوده و هرچه جمله‌های عربی در کلام بیشتر افزوده‌اند، پیش اهل کمال مطبوع و پسندیده‌تر جلوه نموده؛ برعکس هرچه ساده‌تر گفته و نوشته‌اند کسی اهمّیت نداده، بل وقعی ننهاده‌است.

تعجب

از هفتصد سال باز هرکس در ایران بِالتزامِ رعایتِ وضوحِ عبارت تألیفِ اثری ادیبانه خواسته، تنها طرح «گلستان» سعدی را پیشنهاد خود ساخته و اساس کتاب خود را بر ترتیب نظم و نثر آن پرداخته. «نگارستان جوینی»، «بهارستان جامی»، «پریشان قاآنی»، «نمکدان هندی»، «گنج شایگان همدانی»، همه خود را کوچکْ‌ابدالهای «گلستان» دانسته، اقتفا بعبارات وی جُسته‌اند. «وَقِسْ عَلَی هَذَا فَعْلَلَ وَ تَفَعْلَلَ».[٤]

ادبیات ما امروز بجای ترقی دچار ضعف و تنزّلی چنان است که ادبای معاصرین مع‌الافتخار پیروی از آثار پیش دارند و اگر هم بر این نسق پیش رود بیم آن است که اَخلاف نیز آثار کنونی ما را نمونهٔ بلاغت و سرمشق فصاحت خویش شمارند.

کاش ادیبان ما بهمان قدر عبارات وحشی گلستان اکتفا کرده، دایرهٔ اِغلاق و پیچیدگی الفاظ را چنان وسعت نمی‌دادند که آخر از میان آن اَشکال مهیبی مانند «وصّاف الحضرهٔ» و «یمینی جرفادقانی» و «تاریخ معجم» و «دُرّه نادره» و «انجمن خاقان» که طلسمات عجایبند برون آید و کس این باب مغلق را نگشاید.

---

[٤] ضرب‌المثل است، و معنی آن بشرح زیر است: «سایر مثال‌ها نیز به همین صورت‌اند.».

قدرت قلم و قوّت کلام در افادهٔ معنی و تأثیر شدید و تهییج[5] قلوب و برانگیختن خواطر است، نه در لغات مشکله و الفاظ مبهمه و اصطلاحات غامِض و استعارات مُظلِم[6] و طمطراق عبارات و کثرت رموز و اشارات و غُنَّه‌های طویل[7] ــ «وَما یَکونُ مِن هذا القَبیلِ».[8]

رعایت سجع و قافیه، اغلاق الفاظ و لغات، آوردن قطعات منظومه در اثنای کلام، آمیختن پارچه‌هایِ سخن بعبارات عربی، عین بی‌ادبی است نه بوالعجبی، و این سبک و هنجار چندانکه در این عصر مقبول ابنای زمان و منظور نظر دانشوران می‌آید در نفس الامر همان‌قدر از سلامت لفظ و متانت معنی می‌کاهد و کلام را از تأثیر خود که فایدهٔ اصلی آن است می‌اندازد. بالعکس، یکنواخت بودن الفاظ و سادگی عبارات، سرچشمهٔ زلالی است که ظلماتیان را انوار تازه می‌بخشد و در خاطرهای افسردهْ روح جدید پدید می‌آورد.

کلام باید زنده و جاندار (زباندار) باشد نه لَغز[9] و الغنجار، بفهم نزدیک باشد نه معما و تاریک، سهل و آسان باشد نه سرمای خراسان، «طیّب من القول»[10] باشد نه پیکر ابوالهول، ساده و سدید[11] باشد نه مغلق و شدید، روشن و باصفا باشد نه طلسمِ دیرگشا.

---

[5] در اصل: «تهیج».

[6] معنای لغوی «مُظلِم» «تاریک» است، اما این واژه در اینجا احتمالا بمعنای «نامفهوم» و یا «دشوارفهم» بکار رفته است.

[7] منظور از «غُنَّه‌های طویل» احتمالا «ابهامات کش‌دار» است.

[8] یعنی: «و چیزهایی از این دست».

[9] یعنی: «سخن سربسته و مشکل»، «چیستان».

[10] یعنی: «سخن پاکیزه و پسندیده». (قرآن، سوره‌ی ۲۲، بخشی از آیه‌ی ۲٤).

[11] یعنی: «استوار»

سادگی و صفا برای سخنْ خاصیتی طبیعی و خداداد است که چونان آب زلال و نسیم شمالْ روح را حیات تازه و دل را نشاط بی‌اندازه می‌بخشد، و پیچیدگی و اغلاقْ مرضی دشوار و ناگوار است که تأثیر ذاتی سخن را در مزاج مستمع فوت و مخاطب را از تاب پیچش اَمعا قریب الموت می‌سازد و انسان را بجای اِقتِطاف نتیجه[12] به تکلّفات و تعسّفات[13] بیهوده می‌اندازد.

اگر به دیدهٔ انصاف نکو بنگری، خواهی‌دید که ادبای ما نه‌تنها در طرز عبارات و ترتیب الفاظ قاصر بوده‌اند، بلکه طریق افادهٔ مرام و طرح معانی ایشان نیز زیاده از حد معیوب و پریشان است.

متقدمان ازبرای تنبیهِ خواطرِ خوانندگان تنها به پاره‌ای[14] تمثیلات ناقصه و تشبیهات کوتاه قناعت جُسته‌اند، میخواهی نامش را «کلیله بهرامشاهی» و «انوار سهیلی» بگذار، و میخواهی «نگارستان» و «مرزبان‌نامه» بگوی، و میخواهی «گلستان و بوستان سعدی» بخوان، و میخواهی «مثنوی شریف» و «منطق الطیر» بنام؛ در همهْ اساس یکتاست و عبارات شتّی.[15]

فلان مؤلف خواسته‌است در ضمنِ حکایتِ طیور و وحوش، پادشاهان را نصیحت بدهد، و فلان درویش پنداشته که از زبان پری و سروش به ابنای ملوکْ قانون سلوک تواند آموخت، و از این معنی غفلت ورزیده‌اند که حکایت شیر و روباه تا چه مقدار مایهٔ تنبّه و خُبرَت[16] وزیر و شاه تواند شد و قصهٔ موش و خرگوش تا چه حد و پایه اسباب تَیَقُّظ[17] و عبرت درویش و گدا خواهد بود.

---

[12] یعنی: «چیدن نتیجه».

[13] یعنی: «بیراهه‌ها».

[14] در اصل: «پارهٔ».

[15] یعنی: «گوناگون».

[16] یعنی: «آگاهی»، «دانایی».

[17] یعنی: «بیدار و هوشیار شدن».

جائی‌که از بهر اصلاح حال و تصحیح اخلاق یک تنْ چندین‌هزار خطاب محکم با وصف تصریح و تشریح کافی نباشد، چگونه یک کتاب مبهم بطریق تلویح و تلمیح برای تربیت امّتی وافی تواند گشت؟ «ببین تفاوت رَه از کجاست تا بکجا».

اصلاح اخلاق یک ملّت مواظبتی دایم و ممارستی شدید و تربیتی مستمر و همتی بزرگ می‌خواهد؛ از دو کنایت مبهم و عبارت مغلق و مَثَل ناقص و نصیحت موهِم چه تأثیر بظهور تواند رسید؟

از پشّهٔ لاغری چه خیزد   جائی‌که همای پر بریزد

ادبیات فرنگستان یومنا هذا[18] بقسمی پیش رفته است که نسبت لیتراتور آنان با آثار نفیسهٔ ادیبان ما نسبت تلگراف است به برج دودی، و شعاع الکتریک است به چراغ موشی، و شمندوفر[19] برقی است به شتر بُختی،[20] و کشتی بخار است به زورق بی‌مهار، و چاه ارتیژان است بدولاب گاوگردان، و فابریک[21] حریرباف است به کارگاه نداف.

مصرعه

همان حکایت زردوز و بوریاباف است

---

[18] یعنی: «امروزه».

[19] واژه‌ای است فرانسوی، و معنای لغوی آن «راه آهن» است. در اینجا احتمالاً بمعنای «قطار» بکار رفته است.

[20] یعنی: «شتر قوی درازگردن متولد از عربی و عجمی، منسوب است به بخت نصر»، «شتر خراسانی».

[21] یعنی: «کارخانه».

۲۳

سبب تألیف کتاب ریحان

وقتی در ایران بودم[۲۲] هوای اِقتِفای[۲۳] گلستان بسرم[۲٤] افتاده‌بود، چندانکه یک دو جزوی بر آن شیوه از سواد به بیاض کشیدم، حوادثی چنان روی داد که سرگشتهٔ دهر و آوارهٔ شهر به شهر شدم.

بیت

ز ایران به توران ز توران به روم سپردم ره از دست بیداد شوم

همینکه در ساحت روم مجال خودنمائی و فرصت سخن‌سرائی بدست آمد، تنی چند از ادبای آن دیارم بر اتمام آن اوراق بی‌ترتیب تشویق و تنسیب کردند. سال سیصد و چهار از هجرت گذشته بود که آن کتاب را به سرآورده «رضوان» نام نهادم و از رعایت شیوهٔ تقلید دقیقه فرونگذاردم. حالی که از انجام آن نسخه بپرداختم، خود را زایدالحد مسعود انگاشتمی، بلکه سعدی عصر پنداشتمی و این بیت همی‌خواندم:

سعدیّ زمان منم بتحقیق بگذار حدیث ماتَقَدَّم

در واقع عموم ادیبان آن سواد اعظم را نیز طرز آن کتاب شیوا بغایت پسندیده و مطبوع افتاده، از هر سو تبریکم گفتند و تهنیت و تقریظم نوشتند؛ مگر یکی از فیلسوفان نامی

---

[۲۲] در اصل: «ایرانم».

[۲۳] یعنی: «پیروی».

[۲٤] در اصل: «بسر».

که برخلاف دیگران تمامی زبان به تَعَنُّتَم[۲۵] باز کرد و شُنعَت[۲۶] و ملامتم آغاز نهاد.[۲۷] اینک کلماتِ حکمت‌آیاتِ آن دانشور آگاه را بعینها در اینجا نقل می‌کنم:

خطابات فیلسوفانه

عصر ما استناد به آثار پیشینیان می‌کند، تَرسَم اعصار اخیره نیز به آثار این عصر استناد کنند، از این قرار رو بِتَدَنّی خواهیم رفت نه ترقی و یوم البدتر خواهیم بود نه بهتر؛ «هرچه آید سال نو گوئیم یاد از پارسال» و «مَن ساوَی یَوماهُ فَقَد خَسِرَ».[۲۸]

در یک زمانِ ظلمت و جاهلیت اگر مردم بدیهای بسیار بزرگ هم بکنند، باز از آن متوحش نشده، شگفت نیست که نترسند، اما در زمان نورانی هر قدر موفق به چیزهای بسیار نیکو هم شوند جای آن است که بر خود بلرزند.

انسان سوء استعمالات قُدما را دیده پس از دقّت راه اصلاح آنها را کشف می‌کند، امّا پس از چندی که بر دقّت بیفزاید باز معایب آن اصلاح را خواهد دید.[۲۹]

---

[۲۵] یعنی: «عیب جویی».

[۲۶] یعنی: «زشتی»، «بدی».

[۲۷] فریدون آدمیت بر این باور بوده است که منظور از این فیلسوف، سید جمال الدین اسدآبادی افغانی است. (آدمیت، *اندیشه‌های میرزا آقاخان کرمانی*).

[۲۸] یعنی: «هر کس دو روزش برابر باشد، زیان کرده است».

[۲۹] این جمله تقریبا به همین شکل در آغاز کتاب «تکوین و تشریعِ» آقاخان کرمانی نیز آمده است.

مونتسکیو که یکی از حکمای بزرگ فرنگستان است میگوید: «اگر کسی از بدی بترسد از آن احتراز می‌کند، ولی اگر به بهتر امیدوار شود از خوبی‌ها خواهدگذشت.»

از زمان سامانیان تا ابتدای فتنهٔ مغول در سایهٔ تشویقات سلاطین و اُمراء فی‌الجمله ادبیات ایران روی بترقی داشت، پس از استیلای چنگیزیان در نظم و نثر پارسی فترتی عظیم روی داد که امروز آثار هفتصد سال پیش را نقطهٔ استناد و پرنسیپ خود ساخته‌اند و حال اینکه اگر کسی به دیدهٔ تحقیق بنگرد همان آثار ادبیّه‌ای[۳۰] که مسلّم همگان است زیاده از حد معیوب می‌باشد. نهایت این است که انس مفرط به آثار مزبوره و بیخبری که از آئین فصاحت و طرز بلاغت بواسطهٔ عدم پیشرفت ادبیات پارسی داریم، معایب آن آثار را از نظر ما پوشیده داشته.

هر ادیب فرنگی که بهترین کتب ما را مطالعه کند در هر صفحه چندین غلط و عیب از عبارات و معانی بیرون می‌آورد که بزرگترین ادبای ما یکی از آن چیزها را بخاطر نگذرانیده‌است.

این ادیبان هنوز مقصد اصلی شعر و انشا را ندانسته‌اند چیست و موضوع حقیقی این فن را نشناخته‌اند کدام است و فایدهٔ طبیعی آن را نفهمیده‌اند چه شکل دارد؛ در این صورت به محاسن یا معایب کلام چگونه پی توانند بُرد؟

اساس قدرت فضلای مشرق در این است که به واسطهٔ استعارات مشکله و لغات دشوار و درازیِ جمله‌ها و پیچیدگی عبارات و الفاظ، کلام را از وضوح طبیعی که فایدهٔ اصلی آن است بیندازند، و تاکنون بخاطر هیچکدام خطور نکرده که این بساط کهنه را برچیده طرحی نو بسازند.

---

[۳۰] در اصل: « ادبیّهٔ»

حالی که این بیانات متین را از آن دانشمندِ گزین شنفتم، لختی به اندیشه فرو رفته با خود گفتم: «ای دل! اینک حریف را دیدی و حرف را شنیدی». در واقع، سخن عالی و خطاب مؤثر همین‌قدر تواند شد؛ «حد همین بود سخندانی و زیبائی را». شعر: «فَإِنَّ القَوْلَ مَا قَالَتْ حَذَامِ».[۳۱]

پس جزمِ عزم کردم که بر نسق جدید و طرز بدیع این عصر که مِشوار ادبای فرنگ و اسلوب مردم بافرهنگ است نمیقه‌ای[۳۲] ساده و سدید بنگارم و «ریحان بوستان‌-افروز»اش نام گذاردم؛ شاید اطفال نوآموز دبستان را نمونه و سرمشقی برای سخن‌-سرائی بدست آید و شاهدِ فرنگیِ آدابِ مغرب از افق مشرقیان چهره گشاید.

قضا را همینکه طرح این نامه ریختم در شهر استانبول[۳۳] آشوبی چنان برخاست که هیچکس خیر از شر و نفع از ضرر بازنمی‌شناخت و اشخاص نامی در این ورطهٔ هایل[۳۴] غوطه‌ور شدند. در این دار و گیر سخت سفیر بدبخت ایران را مجال سعایت بدست افتاده، امواج اضطراب را نسیم شرطهٔ سعادت خود پنداشته، در عتبهٔ علیای شاهی بنده و تنی چند از آزادگان و آزادی‌خواهان ایران را بِشهرآشوبی و فتنه‌جوئی متهم داشت. حکومت نیز حسب الایجاب ما را بساحل شیوای طرابزون تسفیر ساخت[۳۵] و از این کار خود را بزحمتی بیهوده انداخت، چه «با دردکشان هرکه دَراُفتاد بَراُفتاد».

در این مسافرت ازبرای گذرانیدن وقت و اشتغال خاطر آغاز بترتیب فصول و ابواب این نامه نمودم و دسته‌دسته از ریاحین بوقلمون و سنبل و ضمیران گوناگون از

---

[۳۱] در اصل: «عدام» ، و معنی جمله بشرح زیر است: «آنچه حذام می گوید حقیقت است».

[۳۲] یعنی: «نوشته شده»، «مکتوب».

[۳۳] در اصل: «ستانبول».

[۳۴] یعنی: «ترسناک».

[۳۵] یعنی: «تبعید کرد».

هر سوی جسته بر این گلدسته بستم و رونق بازار گلفروشان پیشین را شکستم. امید
که ارباب دانش و بینش چشم از معایب آن نپوشند و در تصحیح و اکمال مناقص این
نسخه بکوشند که ترقی همیشه در سایهٔ ردّ و اعتراض است نه عفو و اغماض.

ترتیب ابواب کتاب

چون این نامهٔ نیکو نمونه‌ای[36] از غرفات مینو بود، لاجرم از روح و ریحان ده دریچه
در آن باز کردم و در هر دری از شکوفهٔ نعیم بوفهٔ جسیم فراز آوردم.

دریچهٔ نخستین: در ستایش هنر و دانش

دریچهٔ دویمین: در معنی شعر و شاعری

دریچهٔ سیومین: در بیان اخلاق جمیله

دریچهٔ چهارمین: در شرافت مجاهدت انسانی

دریچهٔ پنجمین: در قدسیت مقام ریاست و سیاست فاضله

دریچهٔ ششمین: در نزاهت حیات شریف بنی‌بشر (بنی‌آدم)

دریچهٔ هفتمین: در بلندی مقام فقر و درویشی

دریچهٔ هشتمین: در فواید اتفاق آدمیت و نتایج اختلاف بدنی

دریچهٔ نهمین: در چگونگی حب وطن و ابنای آن

دریچهٔ دهمین: در فضیلت زنان و تحدید وظایف ایشان

---

[36] در اصل: «نمونهٔ».

نخستین دریچه: در ستایش علم و دانش

قولُه تعالی: «هَلْ یَسْتَوِی الْأعْمی وَالْبَصیرُ وَالظُّلُماتُ وَالنُّورُ و الَّذینَ یَعْلَمُونَ وَالَّذینَ لَا یَعْلَمُونَ».[۳۷]

حکایت

حکیمی را پرسیدند که دشوارترین چیزهای جهان چیست؟ گفت سخن است، زیراکه فهمیدن و فهمانیدن آن هردو بسی دشوار و سخت می‌آید.

بیت

گر بُدی گوهری بجای سخن　　او فرود آمدی ز چرخ کهن

حکمت

همهٔ قدرتهای بشریه در سایهٔ عقول مردمان است و آتش‌زنهٔ نورِ خرد جز سخن چیزی دیگر نتواند بود. سخن است که نور میدهد، سخن است که کور میکند، سخن است که گیتی را ویران می‌نماید، سخن است که جهانی آباد می‌سازد.

---

[۳۷] یعنی: «آیا نابینا و بینا، و تاریکی‌ها و نور، و کسانی که می‌دانند با کسانی که نمی‌دانند یکسان‌اند؟» (قرآن، سوره‌ی ۱۳ بخشی از آیه‌ی ۱٦ و سوره‌ی ۳۹ بخشی از آیه‌ی ۹).

ریحان بوستان‌افروز

تمثیل در این معنی

یونانیان قدیم را عادت چنین بود که هرگاه مهمانی بس عزیز و محترم داشتندی، برای
تشریفات فایقهٔ او طَبَقی از زبان طوطی بر سرِ خوان همی‌نهادند و این را شریف‌ترین
خورش و نفیس‌ترین پرورش می‌شمردند و مهمان را گرامی بالاتر از این تصور نمی –
کردند. گویند بنیاد این رسم و شیوع این عادت از آن روز شد که وقتی یکی از فلاسفهٔ
ایشان شاگرد خویش را اختبار کردن[۳۸] می‌خواست، لاجرم او را فرمود که فردا مرا
مهمانان عزیز فوق‌العاده فرارسند، همی‌خواهم که خورشی بس لذیذ و طعامی نفیس
مر ایشان را فراهم سازی که در دنیا از آن شریف‌تر چیزی نباشد و انتخاب آن را به
سلیقهٔ مستقیم و ذهن وَقّاد[۳۹] تو واگذار می‌کنم.

تلمیذ به بازار رفته زبانهای چند از مرغ و گاو و گوسپند بخرید و از آن خورش‌های
گوناگون بساخت. همینکه میزبان با میهمانان از در درآمده بر سر میز نشستند و سرپوش
از طبق‌ها برگرفتند، جز زبان طیور و وحوش چیزی بر سفره ندیدند، حالی لب بدندان
گزیدند. استاد شاگرد را معاتب داشته که این ترتیب تو نه بر آرزوی من بود.

الوا گفت: «ای استاد، نه تو از من اَنفَس و اشرف اطعمه خواستی؟ من نیز فرمان ترا
کار بستم، و اینک مأمول تو را فراهم آوردم؛ چه در دنیا عضوی شریف‌تر از زبان سراغ
ندارم و چیزی نفیس‌تر از آن بتصوّر نیارم که از همهٔ لذایذ برتر است و بر همه نفایس
افسر». پس نطقی بلیغ در فضیلت زبان بیان کردن گرفت.

_____

[۳۸] یعنی: «آزمودن»، «آزمایش کردن».

[۳۹] یعنی: «تیزبین»، «تیزفهم».

میرزا آقاخان کرمانی

در فواید زبان و اوصاف آن

زبان است کلید گنج سعادت — زبان است لالهٔ باغ شهادت
زبان است آتش سینای طور — زبان است مقباس مشکوة[٤٠] نور
زبان است فروغ نار تجلّی — زبان است فتیله مصباح نور تعالی
زبان است مفتاح طلسمات عجایب — زبان است رضوان باغ جنت اطایب
زبان است که وحی سروش سُرآید — زبان است که خزینهٔ هوش گشاید
زبان است آنکه گوهر سخن سُفته — زبان است آنکه راز نهان گفته
زبان است که علم و حکمت آموزد — زبان است که فخر و شرف اندوزد
زبان است که پند و نصیحت دهد — زبان است که قانون عدل شریعت نهد
زبان است که گیتی آبادان کند — زبان است که دلهای خسته شادان کند
زبان است که دوستی‌ها پدید آرد — زبان است که آداب و نیکوئی‌ها گذارد
زبان است که ملّتی را منور می‌سازد — زبان است که سر آدمی بسپهر برین افرازد
زبان است که شعاع معرفت افروزد — زبان است که ظلمت جهل و عما بسوزد
زبان است که دلها روشن کند — زبان است که جهانی گلشن کند
زبان است که قدر آدمی بفزاید — زبان است که اندوه و غم بزداید
زبان است که بنی‌آدم را برتری داده — زبان است که نوع بشر را در سروری نهاده
زبان است که سخنهای نکو گوید — زبان است که عیبها مو بمو گوید
زبان است که هر طبع سرکش رام کند — زبان است که هر خوی آتشوَش آرام کند
زبان است مابه الامتیاز آدمی — زبان است مایهٔ سُرور و خرّمی
زبان است مرکز جود و احسان — که «کُلُّ لِسانٍ فِی الحَقِیقَةِ إنسَانٌ»[٤١]

---

[٤٠] منظور «مشکات» است که بمعنای «چراغدان» است.

[٤١] یعنی: «پشت هر زبان، یک انسان نهفته است».

باری چندان سخن در وصف زبان بیان کرد که استاد و حاضران زبانِ بآفرین بگشودند و شاگرد را از بن دندان تحسین بلیغ نمودند و خورش زبان را با هزار دهان تناول فرمودند.

دیگر روز استاد شاگرد را گفت که فردا میهمانی فرومایه دارم، بدترین خورش برای او همی‌خواهم. شاگرد باز بِتَدارک زبان پرداخت و خورش‌های الوان از آن بساخت. استاد گفت: «مرا شگفتی همی‌آید که دیروز در اوصاف جمیل زبان آنهمه سخن راندی و امروز زبان را بجای بدترین طعام نشاند. خدا را زین معمّا پرده بردار».
الوا باز نطق بلیغ آغاز نموده که بدترین چیزهای دنیا نیز زبان است و هرکس از آفت زبان در حسرت و زیان.

در مضرّت زبان و ذمایم آن

زبان است زبانیهٔ غرور — زبان است مایهٔ هرگونه شرّ و شور
زبان است آنکه دلها بیازارد — زبان است آنکه جانها بشکارد
زبان است سرمایهٔ آشوب جهان — زبان است فاش کنندهٔ راز نهان
زبان است سبب هرچه ویرانی — زبان است علت هرچه پریشانی
زبان است که فجور و فحشا بیاموزد — زبان است که عما و جهالت اندوزد
زبان است که دشمنی‌ها پدید آرد — زبان است که تخم عداوت و کین کارَد
زبان است که دلها تیره و تار کند — زبان است که زخمش بر جانها کار کند
زبان است که فتنه‌ها انگیزد — زبان است که بناحق خون‌ها ریزد
زبان است که آلت کفر آدمی است — زبان است که برهمزن عیش و خرّمی است
زبان است که مردم بدوزخ افکند — زبان است که دلها بپاسخ بشکند

زبان است که جنگها پدید سازد / زبان است که در جهان (گیتی) شور و شرر اندازد

زبان است که بیخ جهل آب دهد / زبان است که بچشم غفلت خواب نهد

زبان است که تأثیرش تبر از زهر جانگزاست / زبان است که اندوه‌زا و محنت‌فزاست

زبان است که خاندان‌ها تباه کند / زبان است که روزها سیاه کند

زبان است که درهای امید ازو بسته گردد / زبان است که دلهای نومید ازو خسته گردد

زبان است که تیزتر از خنجر است / زبان است که زخمش بسی کارگر است

زبان است که عالمی از بیداد بسوزد / زبان است که نایرهٔ خشم و عناد افروزد

زبان است که هرزه و ژاژ سراید / زبان است که درِ محنت و نیاز گشاید

زبان است که در هر نیش آن زهرهاست / زبان است که برهمزن شهرهاست

فی‌الجمله چندان از ذمایم زبان برشمرد که استاد دست بسوی طعام نبرده، چیزی از آن ماحضر نخورد. بلی، زبان سرخ سرِ سبز می‌دهد برباد! چندانکه سود آدمی از زبان است، زیان آن نیز دوچندان. بیک نقطه زبان زیان شود و بیک حرف زبانیهٔ دوزخ عیان. وحشت به اُنس، اضطراب به آرامی، خَشیَت[٤٢] به امنیت، رنج به راحت مبدل آمد.[٤٣] قوله تعالی: «وَ أَنْزَلَ السَّکِینَةَ فِی قُلُوبِ الْمُؤْمِنِینَ».[٤٤]

فرد

بعد تلوین بدلش قوت تمکین آمد / بستدند آن حرکاتش سکناتش دادند

---

[٤٢] یعنی: «ترس».

[٤٣] به نظر می‌رسد پیش از این جمله، مطالبی حذف شده است.

[٤٤] یعنی: «[هموست] که آرامش را در دلهای مؤمنان جای داد». (قرآن، سوره‌ی ٤٨، بخشی از آیه‌ی ٤).

حکمت

امنیت خاطر پس از علم است، قوله تعالی: «أَلَا إِنَّ أَوْلِيَاءَ اللَّهِ لَا خَوْفٌ عَلَيْهِمْ وَلَا هُمْ يَحْزَنُونَ».[٤٥]

مردم دانا هرگز سرآسیمه و هراسان نشوند و صاحبدل هیچگاه پریش و ترسان نگردد.

حکایت

قوم فیتیش آنان بودند که از هرچیز می‌ترسیدند آنرا می‌پرستیدند، چنانچه در قدیم‌الایام جنگی میان مصریان افتاده، چون اجساد کشتگان را به هامون می‌انداختند از عفونت آنها طاعونی پدید آمد، لاجرم این مرض را اثر طعن نیزهٔ روحانیان پنداشته، از آن روز بنای پرستش اموات گذاشتند.[٤٦] این بود که اقوام سالفه به امواج دریا و رعد و برق و آتش نماز می‌بردند و از قبیل تمساح و مار را همی‌پرستیدند.

قوم آریان خدا را دیو می‌گفتند و هر روحانی صاحب اثر را تقدیس می‌نمودند. هر چشمهٔ آبی که منبع آن تاریکی بود یونانیان آن را مقدس می‌شمردند، از این جهت مشهور است در امثال که آب حیوان را در ظلمات باید جُست. «لَقَدْ تَفَتَّشَتْ[٤٧] عَيْنُ الْحَيَاةِ فِى الظُّلُمَاتِ».[٤٨]

---

[٤٥] یعنی: «بدانید که دوستداران خدا، نه بیمی بر آنهاست و نه اندوهگین می‌شوند». (قرآن، سوره‌ی ١٠، آیه‌ی ٦٢).

[٤٦] این جمله تقریبا به همین شکل در کتاب «تکوین و تشریع» آقاخان کرمانی نیز آمده است.

[٤٧] در اصل: «تَفَتَّشُ».

[٤٨] یعنی: «به‌راستی، چشمه‌ی آب حیات در تاریکی‌ها جست‌وجو می‌شود».

این در نوبت ثانی بود که روحانیان را به خیر و شر تقسیم کردند و میان نور و ظلمت فرق نهاده، اهریمنان و یزدان گفتند. پس[49] فرقه‌ای را دوست و فرقه‌ای را دشمن گرفتند.

حکایت

حضرت عیسی علی نبیّنا به کوهی می‌گریخت. پرسیدند: «از که می‌گریزی؟» گفت: «از مردم نادان».

لطیفة

نادانی ننگ مقام بلند انسانی است.

حکایت

لوردی انگلیسی فیلسوفی را گفت: «فلاسفه را طعام لذیذ و لباس نفیس خواستن نشاید.» حکیم فرمود: «از این قرار نفایس جهان مخصوص مردم نادان است.» «خَلَقَ لَکُمْ مَا فِی الْأَرْضِ جَمِیعًا»[50] قوله تعالی: «مَنْ حَرَّمَ زِینَةَ اللَّهِ الَّتِی أَخْرَجَ لِعِبَادِهِ».[51]

---

[49] زیر «پس» یک واژه آمده که ناخواناست.

[50] یعنی: «او کسی است که آنچه در زمین است همه را برای شما آفرید». (قرآن، سوره‌ی ۲، بخشی از آیه ۲۹).

[51] یعنی: «[بگو] چه کسی زینت الهی را که برای بندگانش پدید آورده، حرام کرده است؟». (قرآن، سوره‌ی ۷، بخشی از آیه ۳۲). معنی کل آیه به شرح زیر است: «بگو چه کسی زینت الهی را که برای بندگانش پدید آورده، و رزق پاکیزه او را حرام کرده است؟ بگو اینها در زندگانی دنیا برای مؤمنان [و

حکمت

لذایذ بدون ادراک مطلوبِ کیست، بلکه لذتی غیر از ادراک نیست.

حکایت

ولتر نامه به فردریک پادشاه آلمان نبشته (نگاشته)، از او پرسید: «بزرگترین ملل کدام است؟» فردریک بجای پاسخ نگاشت: «آنکه مدارس و مکاتبش بیشتر باشد؛ اگر امروز نیست فردا خواهد شد.»

لطیفة

بلی، علم نردبانی است برای وصول بِمدارج ترقی تا اینکه هیکلهای ناقصهٔ انسانی را مظهر کمالات و معانی نماید.

حکمت

یکی از حکمای فرنگ می‌گوید: «پادشاهی دنیا هرگز از سلسلهٔ علم بیرون نرفته، نهایت امر این است که این پادشاه حقیقی گاه‌گاهی پای‌تخت خود را تغییر می‌دهد؛ گاهی به مشرق است و گاهی به مغرب، گاه به زبان آری سخن می‌راند و گه به لسان سامی خطابه می‌خواند، و ازبرای جهل چاره و علاجی نیست جز اینکه آخر سر بر قدم

نامؤمنان] است و در روز قیامت نیز خاص مؤمنان است، بدین‌سان آیات خود را برای اهل معرفت به روشنی بیان می‌کنیم».

حضرت علم ساید و از در اطاعت و انقیاد درآید.» قوله تعالی: «أَنَّ الْأَرْضَ يَرِثُهَا عِبَادِيَ الصَّالِحُونَ».[۵۲]

حکایت

میلتنِ حکیم از شخص رومانی پرسید که وقتی به روما آمدم در آنجا فیلسوفان بسیار بودند، اکنون حال آن مملکت چگونه باشد و فراوانی دانشمندان آن دیار تا چه اندازه است؟ آن شخص جواب داد که الحال هم در آنجا دانشوران و حکیمان بسیارند، ولی نه به قدری که در هنگام بودن شما آنجا بهم می‌رسید. «اَلْمُؤْمِنُ وَحْدَهُ جَمَاعَةٌ».[۵۳]

حکمت

اگر در ملّتی ده تن دانا و فیلسوف پدید آید، بیشتر از ده ملیون مردم نادان و مستضعف مرآن ملّت را سودمندتر تواند بود.

بیت

سیاهیّ لشکر نیاید بکار　　　　یکی مرد جنگی به از صدهزار

---

[۵۲] یعنی: «که زمین را بندگان شایسته من به ارث می‌برند» (قرآن، سوره‌ی ۲۱، بخشی از آیه‌ی ۱۰۵).

[۵۳] یعنی: «مؤمن به تنهایی یک جماعت است.» (این عبارت در «جامع الاحادیث» به عنوان بخشی از یکی از احادیث نبوی آمده است).

حکایت

ارسطو نزد وزیر آتنه رفته، در خصوص انجاح مقصود خود هرچه التماس کرد و برهان و قیاس آورد نپذیرفت. فرجام، حکیم پای وزیر ببوسید تا حاجتش برآورد. حالی که از نزد وزیر بیرون آمد، مردم او را ملامت کردن گرفتند که لایق شأن بلند چون تو بزرگواری نبود پای چنین ابلهی بوسیدن. حکیم فرمود: «عیب نباشد، زیراکه عقل این مرد را در سرش ندیدم، بلکه در پایش یافتم.»

لطیفة

برای جزای هر گناه قانونی معلوم است، جز جهل و نادانی که جزای آن مجهول مانده.

حکایت

حکیمی گفت: «در مذمّت نادانی همین بس که تا کنون هرکس کافر و منکر باری تعالی بوده، چون درست بشکافی کُفرش بصورت جهل بیرون آید؛ یعنی می‌گوید به وجود صانعی ازبرای عالم (کیهان) پی‌نبرده‌ام، و هیچ کافری تا کنون ادّعای آن نکرده که من دانسته‌ام به تحقیق اینکه آفریدگاری نیست.»

لطایف

هر بیماری را دارو و درمانی است، مگر بیماری جهل مرکب را که چاره‌پذیر نیست. در دنیا هرکس می‌ترسد از جهل است و به هرکس بلائی رسیده از نادانی بوده.

عذاب بی‌خبری بدترین عذاب و مردم نادان پیوسته در وحشت و اضطراب می‌باشند.[٥٤]
چرا انسان در تاریکی بیشتر از روشنائی دچار بیم و خشیت می‌شود؟
چرا مردم نادان دایماً در ذلّت و حقارت به سر می‌برند؟
چرا ظلماتیان از همهٔ حقوق آزادی و حظوظ بشریت محرومند؟

حکایت

انسان در ایام وحشت و بداوت دایماً در وجدان خود اضطرابی سخت موجود می‌دید و همینکه بادی می‌وزید یا برقی می‌درخشید یا تندری می‌خروشید یا زمینی می‌لرزید یا سیلی می‌جوشید، مردم وحشی را دچار اضطرابی شدید می‌ساخت و اگر کسوفی واقع می‌شد یا صاعقه‌ای[٥٥] به زمین می‌افتاد، بنی‌آدم را هولی عظیم بود، زیراکه سبب اینها را نمی‌دانست، پس از آنکه از پی تحقیق اسباب برآمد و از انوار معرفت در نفس خود شعاعی دید،[٥٦] رفته‌رفته ... [٥٧]

[٥٤] در اصل: «می‌باشد».

[٥٥] در اصل: «صاعقهٔ».

[٥٦] جملاتی شبیه این جمله در کتاب «تکوین و تشریع» آقاخان کرمانی نیز آمده است.

[٥٧] نسخه‌ای که کتاب پیش رو از روی آن ضبط شده، ناقص و به همین شکل به پایان رسیده است.

ضمائم

نسخه‌ی خطی «ریحان بوستان‌افروز» در جامعیت

کتاب ریحان بوستان افروز

در

طرز و ترتیب ادبیات فرنگستان امروز

اثر

بنده ناچیز عبدالحسین الشهیر بمیرزا آقاخان کرمانی

بختام

توقف طرابزون طرب افزون شهر ذیقعده الحرام

سنه ۱۳۱۳

بیاض ... استفاده از روی نسخه منحصر بفرد آن مجتبی مینوی با اجازه آن جناب عکس برداشته شد و این نسخه عکسی نزد این بنده دارا است در دیباچه ... این نسخه بخط میرزا آقاخان است ... تهران ۱۳۴۹/۱۰/۱۴

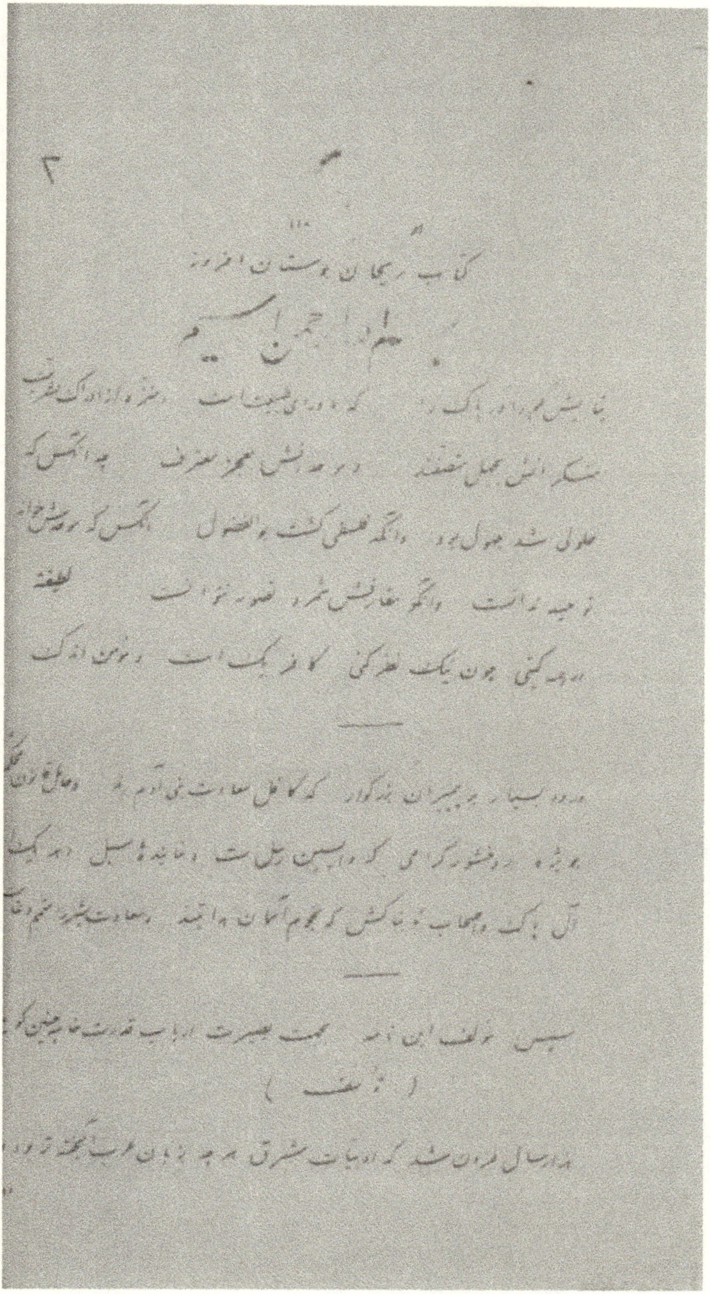

کتاب رحمان بوستان افروز

علم انجمن اسیم

نمایش دهد و یک ... که ... و ظهرات ... و حرف و آزاد کرد ک طرف
سکهٔ دانش محمل منقلد ... و در دانش مجموع معرف ... چه انکس که
علول شد جول بود ... و انگه مفصل کتب و الضلال ... انکس که نویش جان
نومید ماست ... و انجم غارتش شمرد ... قمع ... زبان ... لطیفه
و ده ... کنی ... جون نیک ... علم کنی ... کا نزیک است ... و من اندک

و دو سبب ... پر حیران بذرکار ... که کامل سلامت می ... آزرم ... و حل ... و زمین ...
بودا ... و و فشنو ... کر ... می کند ... و ... پسین دل است ... و تا ... بده ... آسل ... و دم کبک
آن ... یک ... و بها ... کو ناکش ... کر محجوم ... آسان ... مانند ... و سعادت ... بلند ... محجوم ...

سیس ... و لف ... ابن آمد ... جمع بصیرت ... ارباب ... قدرت ... غا ... چنین کر
... انصاف ... ها

به دو سال ... فرمان شد ... که ادبیات مشرق ... برجه ... زبان ... عرب ... جلد ... نمود و
...

و پیچیدگی الفاظ را چنان وسعت می‌دادند که آخر از میان آن اشکال مبهمی [illegible]
وصاف الحضرة و یمینی جرفادقانی و تاریخ معجم و درهٔ نادره که طلسمات عجایبند
بیرون آید که کس این باب عشق را نگشاید

قدرت قلم و قوت کلام در افادهٔ معنی و تأثیر شدید و تهییج قلوب و در این [illegible]
خواطر است نه در لغات مشکله و الفاظ مبهمه و اصطلاحات خاص و استعارات علمی
و طمطراق عبارات و کثرت رموز و اشارات و حشوهای طویل و دیگر [illegible]

رعایت سجع و قافیه و اغلاق الفاظ و لغات و آوردن قطعات منظوم در اثنای
کلام و آمیختن پارچه‌های خشن عبارات عربی عین بی‌ادبی است نه هنر
و این سبک و هنجار هرچند اکنون در این عصر مقبول ابنای زمان و منظور نظر
دانشوران می‌آید در نفس الامر همان قدر از سلاست لفظ و متانت معنی
می‌کاهد و کلام را از تأثیر خود که فایدهٔ اصلی آن است می‌اندازد

بعکس یکنواخت بودن الفاظ و سادگی عبارات سرچشمهٔ زلال است که [illegible]
اذواق را نیرو می‌بخشد و در خاطرهای افسرده موج بهجه پدید می‌آورد

کلام باید ساده و بی‌پیرایه باشد، و لغز و اشعار را [illegible] فهم نزدیک باشد، نه معما و لغز
[illegible]

سهل و آسان باشد، نه سرهای فرسودن، عجب من القول باشد، نه یکراه الهول
ساده و سنجیده باشد، نه مغلق و مشدد، روشن و با صفا باشد، نه طلسم و برگشا

سادگی و صفای سخن مانند سبکی طبیعی و خداداد است که چون آب زلال و نسیم شمال
روح را حیات تازه و دل را نشاط بی اندازه می بخشد. و پیچیدگی و اغلاق
سرسختی و دشوار و ناگوار است که تأثیر ذاتی سخن را در مزاج مستمع فوت و مخاطب را
از آن پیچش اعصاب قریب الموت می سازد و بیان را بجای لطافت بتجمه تکلفات و تعقیدات بیهوده

اگر بدیده انصاف نگو بنگری خواهی دید که ادیبان ما تنها در طرز عبارات
و ترتیب الفاظ قاصر بوده اند بلکه طریق افاده مرام و طرح معانی ایشان نیز
زیاده از حد معیوب و پریشان است

متقدمان از برای تنبیه خواطر خوانندگان تنها بپاره تمثیلات و قصه
و تشبیهات کوتاه و نا تمام قناعت جسته اند. بجز ای دمنش را کلیله و انوار سهیلی بگوئی
و بجز ای نگارستان و مرزبان نامه بگوئی، و بجز ای گلستان و بوستان سعدی بگوئی
و بجز ای مثنوی شریف و منطق الطیر بنام، در همه اساس حکایات و جلوه دارد

فلان مولف خواسته است در ضمن حکایت طیور و وحوش پادشاهان را نصیحت؟

و فلان درویش پند آموخته که از زندان بری و سروش با بنای ملکوت فنون سلوک
نوازنده آموخت و از این معنی غفلت ورزیده‌اند که حکایت بسیار ساده‌ای چه مقدار
اثر نیک بر اندیشه و دانش ... شد و قصه پوشش دختر کوش تا چه حد مایه اسباب تنبه
عبرت درویش دیگر خواهد بود

جاییکه از بهر اصلاح حال و تهذیب اخلاق یک تن چندین هزار خطابه و صف حدیث و تشریع
کافی نباشد چگونه یک کتاب مبهم بطریق توبیخ و تقبیح برای تربیت اخلاقی
وافی تواند گشت ببین تفاوت ره از کجاست تا بکجا
اصلاح اخلاق یک ملت موجب دوام و پایداری شده و از بی‌سنگ رهنمای بزرگ
می‌خواهد از دو کتاب مبهم و عبارت مغلق و مثل و نقص و نصیحت هم
چه تأثیر مطلوب تواند رسید جاییکه ... از پیشه و عرفی ...
ادبیات فرنگستان بواسطه اقتضای پیش رفته است که نسبت پیشرفت آنان
با آثار غیبیه ادبیان ما نسبت تلگراف است به برج دودی و شعاع الکتریک
بچراغ موشی و شمعه و فرق اسب بشتر بختی و کشتی بخار است بزورق
بی‌بخار و چاه آب‌انبار آن است به دولاب کاوگردان و ... غرایب
بکارگاه ... همان حکایت ... است

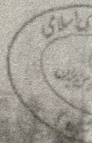

سبب تألیف کتاب ریحان

وقتی در ایرانم هوای اقتفای گلستان بسر افتاده بود چندانکه یک دو جزوی بر آن شیوه از سواد به بیاض کشیده م حوادثی چنان روی داد که سرگشته دهر و آواره شهر بشهر شدم بیت

ز ایران تهران ز توران بروم   سپردم همه را ز دست بیداد شوم

چنانکه در ساحت روم مجال خودنمائی و فرصت سخن سرائی بدست آمد سخنی چند از ادبای آن دیارم بر اتمام آن اوراق بی ترتیب تشویقی و ترغیب کردند سال [illegible] از هجرت گذشته بود که آن کتاب را بسر آورده ریحان نام نهادم و از رعایت شیوه تقلید و تبعیت فرو گذار نمودم حال که از انجام آن نسخه بپرداختم خود را از زاده احمد مسعود الگاشتی یکه سعدی عصر پنداشتی و این بیت می خواندم

سعدی زمان منم بتحقیق   بگذار حدیث ما تقدم

در اواخر عهد دوم ادیبان آن سواد اعظم را نیز طرز آن کتاب شیوه آن پسندیده بامطبوع افتاده از هر سو بتکریم گفتند و تهنیت و تقریظ نوشتند

که یکی از فیلسوفان نامی که برخلاف دیگران تمامی زبان تحسینم باز کرده و شناعت و ملامتم آغاز نهاد

اینک کلمات حکمت آیات آن دانشور آگاه را عیناً در اینجا نقل می‌کنم

(خطرات فیلسوفانه)

عصر دستان را دیگران پشیمان می‌کند ترسم اعصار آینده نیز آثار این عصر استنساخ کنند از این قرار رو به تنزل خواهیم رفت نه ترقی در دوم ابله‌تر خواهیم بود هرچه آید سال نو گوییم یا دریغ از پارسال دین ساسانی بود و خود عصر

در یک زمان علت رجالیت اگر مردم به بهای بسیار بزرگ هم بخشند باز از آن خوش نشده ، شگفت نیست که خرسند

اما در زمان نورانی هر قدر موفق چیزهای بسیار نیکو هم شوند جای آن است که خود را

انسان سوء استعمالات خود را دیده پس از وقت راه اصلاح آنها را کشف بکند او پس از چندی که وقت جزا رسید از معایب آن اصلاح را خواهد دید

دوشیکو که یکی از حکمای بزرگ فرنگستان است میگوید اگر کسی از بدی بترسد از آن احتراز می‌کند ولی اگر به جزا رسید و دارشود از خوبی خواهد گذشت

اندرهن ساسانیان تا ابتدای فتنه مغول ادبیات تشویقات سلاطین و امراء فی الجمله ادبیات ایران روی ترقی داشت پس از استیلای چنگیزیان

در نظم و نثر پارسی ترقی عظیم روی داد که امروز آثار مصنفین سال پیش با نقطهٔ آسمان
و پر نشیب و فراز ساخته اند و حال اینکه اگر کسی به دیدهٔ تحقیق بنگرد عیان آثار ادبیه
که مسلم همگان است زیاده از حد معیوب می باشد نهایت این است که اکثر مؤلفین
با آثار مزبوره در بی‌خبری از آئین فصاحت و طرز بلاغت به واسطهٔ عدم بصیرت
ادبیات پارسی معایب آن آثار را از نظر پوشیده داشته

هر ادیب فرنگی که بهترین کتب ما را مطالعه کند در هر صفحه چندین غلط و عیب از عبارات
و معانی بیرون می آورد که آدمی یکی از آن چیزها را بخاطر نگذرانیده است

این ادیبان هنوز منفعت اصلی شعر و انشا را ندانسته اند چه جای اینکه موضوع حقیقی این فن را
شناخته اند کدام است و فایدهٔ طبیعی آن را فهمیده اند چه مشکل دارد
در این صورت محاسن یا معایب کلام چگونه پی توانند برد

اساس قدرت فضلای مشرق در این است که به واسطهٔ استعارات مشکله
و لغات دشوار و درازی جمله ها و پیچیدگی عبارات و الفاظ کلام را از وضع طبیعی
که فایدهٔ اصلی آن است بینداخته اند و تاکنون بخاطر هیچکدام خطور نکرده که
این لباس کهنه را بر چیده طرحی نو بسازند.

و این هنگام فرصت از برای گذرانیدن وقت و اشتغال خاطر آغاز ترتیب فصول و ابواب این

نامه نمودم و دسته دسته از ریاحین بوستان و سنبل و ضیمران گلها از هر سو جسته بر این

گلدسته بستم و ورقی از گلزار دانشمندان پیشین نگاشتم

امید که ارباب دانش و بینش چشم از معایب آن بپوشند و در تصحیح و اکمال نقص

این نسخه بکوشند که زبان ایشان در سایه دور از اعتراض است ز عفو و اغماض

ترتیب ابواب کتاب

چون این نامه نیکو نمونه از غرفات بهشت بود لاجرم از روح و ریحان ده دریچه در آن

باز کردم و در هر دری از شکوفه نعیم بوی نسیم فراز آوردم

دریچه نخستین — در ستایش هنر و دانش

دریچه دوم — در معنی شعر و شاعری

دریچه سیم — در بیان اخلاق حمیده

دریچه چهارم — در شرافت نجابت انسانی

دریچه پنجم — در تربیت مقام ریاست و اسباب فاضله

بجا آوردم

دریچه ششم — در نزاهت جانب شریف نجابت

دریچه هفتم — در عنایت مقام فقر و درویشی

دریچه هشتم — در فواید اتفاق و آدمیت و نتایج اختلاف و دوئی

دریچه نهم — در چگونگی حب وطن و ابنای آن

دریچه دهم — در فضیلت زبان و تحریر و وظایف لسان

فصل دویم در ستایش علم و دانش

قوله تعالی ما یستوی الاعمی و البصیر و الظلمات و النور و الذین یعلمون و الذین لا یعلمون

حکایت

یکی را پرسیدند که والاترین چیزهای جهان چیست گفت سخن است بدانکه گزیده

و مایه بودن آن همه در سخن و شور و گفت می آید   بیت

گردی که هر سی بجای سخن   از سر در آمدی ز چرخ کهن

علت   آنکه بنیادهای شریعه و رسالت معمول بر روی است و آتش اندوز

مردم بجز سخن بچیزی دیگر توانند بود   سخن است که بر رسید   سخن است که گوی

است که گیتی را ویران می نماید   سخن است که جهانی آباد می سازد

تمثیل در این معنی

در زمان قدیم را عادت چنین بود که هر گاه مهمانی بس عزیز و محترم داشتند برای تشریفات خود او

علمی اندازه بر عمومی بر سر خوان می نهادند و این را بهترین خورش و بهترین پرورش

می شمردند و مهمان را اکرامی با ارزش از این ظهور می کردند   که بنیاد و این رسم و اسلوب

این عادت آن بود   که وقتی یکی از علامه زمان شاگرد خویش را احضار کرده

می خواست و محترم را فرمود که فردا مرا مهمانی عزیز فوق العاده فرا رسیده بنام

که

که خوردنی بسی لذیذ و غذای نفیس برایشان را فراهم سازی که در دنیا از آن لذیذتر
چیزی یافت نشود و انتخاب آن را به سلیقه شخصی خود تو واگذار می‌کنم

لقمان بازار رفت و زبانهای چند از مرغ و گاو و گوسفند خرید و از آن خورشهای گوناگون
بساخت. هنگامیکه میزبان و میهمانان از در درآمده بر سر میز نشستند و سرپوش از جلو
برگرفتند جز زبان چیزی در خورش چیزی به سفره ندیدند حالی لب به دندان گزیده
استاد و شاگرد را مخاطب داشته که این ترتیب تو نه پراکندگی من بود

لقمان گفت ای استاد تو از من نفیس‌ترین و اشرف اطعمه خواستی من نیز فرمان ترا
کار بستم و اینک در اول غذا فراهم آوردم چه در دنیا عضوی شریفتر از زبان
سراغ ندارم و چیزی نفیس‌تر از آن بنظر نیاوردم که از همه فوائد برخوردار است
و در همه نفایس اشرف پس لطفی بلیغ در حقیقت زبان بیان کردن گرفت

در فواید زبان و شرح آن

زبان است کلید گنج سعادت — زبان است لالهٔ باغ شهادت
زبان است آتش سینای طور — زبان است مقباس مشکوة نور
زبان است فروغ انوار تجلی — زبان است فتیله مصباح [illegible]

وزان است مفتاح مغلقات مطالب — وزان است عنوان [illegible]

وزان است که وحی سروش سرّ او — وزان است که طراز پیرایش کسا او

وزان است آنکه گوهر محض عشقه — وزان است آنکه راز نهان گفته

وزان است که علم و حکمت آموزد — وزان است که فخر و شرف اندوزد

وزان است که پند و نصیحت [illegible] — وزان است که قانون عمل شریعت

وزان است که گنجی آورد آن کس — وزان است که [illegible] شادان گه

وزان است که در سینه‌ها [illegible] آرد — وزان است که آداب نیکو نهاد

وزان است که حق را سروری [illegible] — وزان است که سرادقی سپهر برین افرازد

وزان است که شمع معرفت افروزد — وزان است که ظلمت جهل و هوس سوزد

وزان است که دل‌ها روشن کند — وزان است که جهانی گلشن کند

وزان است که بنده آدمی [illegible] — وزان است که ادوار عالم برپا

وزان است که نی آدم را بزرگی داده — وزان است که بشر را سروری داده

وزان است که نکته‌ها گویا گوید — وزان است که جهان [illegible]

وزان است که هر طبع سرکش رام کند — وزان است که هر خوی ناخوش آرام کند

وزان است [illegible] آدمی — وزان است [illegible]

وزان است مرکز دوره جهان — که کل لسان فی الجنة [illegible]

وزین جمله این سخن در وصف ذات آن بیان گردد که [illegible] آفرین [illegible]

دیگر روز

و شاگرد را نخستین بیغ نمود که خورش زبان را بپزد و این شاگرد اول فرموده ،
دیگر روز استاد شاگرد را گفت که فردا بمهمانی فرموده ام بهترین خورش برای
می خواهم شاگرد باز هم از گوشت زبان پرداخت و خورشهای الوان از آن بساخت
استاد گفت شگفتی همی آید که دیروز در اوصاف جمیل زبان آنچه سخن راندی و امروز
زبان را بجای بهترین طعام نشاندی (خدا را ازین کار پرده بردار)
الوا باز نطق بیغ آغاز نموده که بهترین چیزهای دنیا نیز زبان است و هر کس
از آفت زبان در حسرت و زیان

در مضرت زبان و ذم آن

زبان است زاینده عز و در — زبان است زاینده هر گونه شر و شور
زبان است آنکه دعاها بیارد اردو — زبان است آنکه جا بجا بشکار رد
زبان است سرمایه آشوب جهان — زبان است فاش کننده راز نهان
زبان است سبب هر چه ویرانی — زبان است علت هر چه پریشانی
زبان است که بجز رنجها بیار آورد — زبان است که بجهالت اندر آورد
زبان است که دشمنی ها پدید آرد — زبان است که تخم عداوت بکار آرد

زبان است که دلها تیره و تار کند　　زبان است که جمعش به بوته‌ها کار کند
زبان است که فتنه‌ها انگیزد　　زبان است که ناحق خونها ریزد
زبان است که آتش کفر آدمی است　　زبان است که رهزن عیش و عزّ آدمی است
زبان است که مردم به دروغ افکند　　زبان است که دلها با تیغ بشکند
زبان است که جنگها پدید سازد　　زبان است که در جهان شور و شر اندازد
زبان است که بیخ جهل آب دهد　　زبان است که به چشم غفلت خواب دهد
زبان است که تیرش تیزتر از هر جانگزاست　　زبان است که اندوه زا و محنت فزاست
زبان است که خانه‌ها تباه کند　　زبان است که روزها سیاه کند
زبان است که رو[ی] آرزو بسته کرده　　زبان است که دلهای نومید از خسته کرده
زبان است که تیزتر از خنجر است　　زبان است که زخمش بسی کاری‌تر است
زبان است که عالمی از بیداد بسوزد　　زبان است که پرده خشم و جفا افروزد
زبان است که بیهوده و ژاژ سراید　　زبان است که در محنت و بلا گشاید
زبان است که در جنبش آن زهر است　　زبان است که رهزن شهرهاست

فی الجمله چندان از زبان بر سر رود　　که انسان دست سوی طعام نبرد
چیزی از آن حضر نخورد　　که زبان سرخ سر سبز سیه دهد بر باد
چندانکه سود آدمی از زبان است　　زبان آن نیز در چندان
بیک نقطه زبان زیان شود　　و بیک حرف زبانه دوزخ عیان

وحشت بانس اضطراب بآرامی خشیت بامنیت رنج براحت مبدل آمد

قوله تعالی وانزل الله السکینة فی قلوب المؤمنین تفسیر

چه تمرین بینش قوت تمکین آمد بسته بآن که مکانش داده

حکمت ایمنی خاطر پس از علم است قوله تعالی الا ان اولیاء الله لا خوف علیهم ولا هم یحزنون

مردم دانا هرگز سرگشته و هراسان نشوند و مرد جاهل همیشه پریشان و ترسان گردد

(حکایت)

قوم مغیشیش آن بوده که از هر چیزی می ترسیده اند آن را می پرستیده اند چنانچه در قدیم مردم

جنگی بیابان مصر افتاده چون جبال کشتگان را جا نمی دادند افتند از عفونت آنها

طاعونی پدید آمد و جرم این مرض را اثر طعن نیزه روحانیان پنداشتند از آن روز

بنای پرستش اموات گذاشتند این بود که اقوام سالفه با موانع در دشت

نماز می بردند و از قبیل تمساح و دد و دام را می پرستیدند

قوم آریان خدا را دو می گفتند و هر روحانی صاحب اثر را تقدیس می نمودند

هر چشمه آبی که منبع آن تاریکی بود پرندیان آن را مقدس می شمردند از این جهت مشهورست

که آب حیوان را در ظلمات باید جست لذا گفتند عین الحیات فی الظلمات

پس نوبت ثانی بود که روحانیان را بخیر و شر تقسیم کردند و بیان این جهت فرق

نهاده اهریمنان و یزدان گفتند پس فرقه را دوست و فرقه را دشمن گرفتند

حکایت

حضرت عیسی علی نبینا کواهی بسیار بحث پرسیدند از که میگریزی گفت از مردم نادان

لطیفه نادانی ننگ مقام بلند انسانی است

حکایت

روزی انگلیسی جلسوفی را گفت فلاسفه را طعام لذیذ و لباس نفیس خواستن نشاید

حکیم فرمود از این قرار نفایس جهان مخصوص مردم نادان است (قل من حرم زینة الله)

قوله تعالی من حرم زینة الله التی اخرج لعباده

حکمت لذایذ بدون ادراک مطلوب گشت بلکه لذتی غیر از ادراک نیست

(حکایت)

ولتر نامه بفردریک پادشاه آلمان نوشته اند و پرسیده بزرگترین ملل کدام است

فرمود یک بجای تاریخ نگاشت اگر مدارس و مکاتبش بیشتر باشد اگر امروز

نیست فردا خواهد شد

لطیفه

بلی علم نردبانی است برای وصول بمدارج ترقی تا اینکه هیکلهای نفوس انسانی

مظهر کمالات و معانی نماید

حکمت یکی از حکمای فرنگ میگوید پادشاهی دنیا هرگز از سلسله علم

بیرون نرفته نهایت امر این است که این پادشاه حقیقی کاهگاهی پای تخت

خود را تغییر میدهد گاهی بشرق است و گاه بغرب که بزبان ترکی

سخن میراند دیگر بلسان تازی خط می خواند وارثه برای جهل چاره و

علاجی نیست جز اینکه آخر سر بر قدم حضرت علم ساید واز در اطاعت

وانقیاد در آید **قوله تعالی** ان الارض یرثها عبادی الصالحون

(حکایت)

بعضی حکیم از شخص رومانی پرسید که وقتی بوده آمدم در آنجا فیلسوفان بسیار بود
اکنون حال آن ملک چگونه باشد و فرزانی دانشمندان آن دیار تا چه اندازه است
آن شخص جواب داد که بحال هم در آنجا دانشوران و حکیمان بسیار هستند
ولی نه چندان که در هنگام بودن شما آنجا هم رسیده (الوس و هده و جواهد)

حکمت اگر در ملتی دو تن دانا و فیلسوف پدید آید بیشتر از ده میلیون
مردم نادان و مستضعف در آن ملت را سود رسانده توانند بود بیت

سپاهی لشکر نیاید بکار   یکی مرد جنگی به از صد هزار

حکایت

ارسطو نزد وزیر اسکندر رفته در خصوص انجاح مقصود خود هرچه التماس کرد
و برهان و قیاس آورد نپذیرفت فرجام حکیم پای وزیر بوسید تا حاجتش
برآورده حالی که از نزد وزیر بیرون آمد مردم او را ملامت کردن گرفتند
که این شأن بنده چون تو بزرگواری نبود پای چنین ابلهی بوسیدن
حکیم فرمود عیب نباشد زیرا که عقل این مرد را در سرش ندیدم بلکه در پایش یافتم

حکمت برای جزای هر گناه قانونی معلوم است مگر جهل و نادانی که جزای آن مجهول مانده

(حکایت)

حکیمی گفت در ذات نادانی همین بس که اکنون هر کس که فرزند پسر داشت خیال
چون در ذات شکالی کفرش بصورت جهل بیرون آید همی هیسکوید صافی از
برای فرزندش ... ام هیچ کاری تاکنون از عهای آن گروه که من ...

تحقیق اینکه آنها در بیکاری نیست — لطایف

هر بیماری را دارو درمانی است مگر بیماری جهل مرکب را که چاره پذیر نیست
در دنیا هر کس می‌ترسد از جهل است و هر کس به جائی نرسیده از نادانی بوده
شتاب در بیخبری بدترین عذاب — مردم نادان پیوسته در وحشت و اضطراب میباشند

چرا انسان در تاریکی بیشتر از روشنائی دچار بیم و وحشت می‌شود ؟

چرا مردم نادان در دنیا در ذلت و حقارت بسر می‌برند ؟

چرا خلق بیان از بند حقوق آزادی و عطوفت بشریت محروم هستند ؟ ؟

(حکایت)

انسان در ادوار وحشت و بداوت در دنیا در حیرت خود اضطرابی سخت موجود بود و اینکه
بادی می‌وزید یا برقی می‌درخشید یا تندری می‌غرید یا زمین می‌لرزید یا سیلی
می‌جوشید مردم وحشی را دچار اضطرابی شدید می‌ساخت و اگر کسوفی واقع می‌شد
یا صاعقه زمین می‌افتاد همه مردم را هول عظیم بود زیرا که سبب آنها را نمی‌دانست
پس از آنکه از این حقایق اسباب برآمد و از انوار معرفت روشنی ... می‌دید ...

نمونه‌ای از دست خط آقاخان کرمانی

(برگرفته از «نامه‌هائی از میرزا آقاخان کرمانی» ــ در پیشگفتار منبع را در جامعیت
به دست داده‌ام)

درباره‌ی مصحح

م. رضایی تازیک متولد تیرماه ۱۳۶۲ (جولای ۱۹۸۳) در مشهد است. او دانش‌آموخته

علوم سیاسی و مطالعات خاورمیانه در دانشگاه های لوتسرن و برن در سوئیس می‌باشد و

تمرکزش در مقاطع فوق لیسانس و دکترا به روی تاریخ اندیشه در ایران و به‌ویژه نقد دین

از سوی ایرانیان بوده است. پایان‌نامه‌ی دکترای او درباره‌ی دین و نقد دین در اندیشه‌ی

احمد کسروی نوشته و منتشر شده و از سوی او و همکارش بخشی از آثار فتحعلی

آخوندزاده و میرزا آقاخان کرمانی نیز به آلمانی ترجمه شده‌اند.

انتشارات آسمانا (تورنتو) منتشر کرده است:

پژوهش‌های علمی و دانشگاهی

- *Shape of Extinction,* by Bijan Jalali, Translated by Adeeba Shahid Talukder and Arai Fani, 2025.
- *Music on the Borderland: Remembering and Chronicling the 1979 Revolution's Shadow on Iranian Music*, by K. Emami, 2024.
- *Whispers of Oasis: Likoo's Poetic Mirage*, by M. Ganjavi, A. Fatemi and M. Alimouradi, 2024

- *زبان، انسان و جامعه: ادبیات و زبان‌های اقلیت در ایران.* ویرایش امیر کلان، مهدی گنجوی، آنیسا جعفری، و لاله جوانشیر، ۲۰۲۴
- *تنگلوشای هزار خیال: جستارهایی در ادب و فرهنگ*، رضا فرخفال، ۲۰۲۴
- *دلالت‌های تحلیل طبقاتی در سرمایه‌داری امپریالیستی*، محمد حاجی‌نیا و شهرزاد مجاب، ۲۰۲۴
- *شبِ سیاه و مرغان خاکسترنشین؛ شعر نیما در دهه‌ی دوم: ۱۳۲۱ ـ ۱۳۱۱*، ۲۰۲۴
- *حافظ و بازگویی*، تالیف رضا فرخفال، ۲۰۲۴
- *زنان کُرد در بطن تضاد تاریخی فمینیسم و ناسیونالیسم*، تالیف شهرزاد مجاب، ۲۰۲۳
- *شورش دهقانان مکریان ۱۳۳۲ ـ ۱۳۳۱ : اسناد کنسولگری، مکاتبات دیپلماتیک و گزارش روزنامه‌ها*، پژوهش امیر حسن‌پور، ۲۰۲۲

تصحیح انتقادی

- *تاریخ شانژمان‌های ایران*، تالیف میرزا آقاخان کرمانی (به کوشش م. رضایی تازیک)، ۲۰۲۴
- *فن گفتن و نوشتن*، تالیف میرزا آقاخان کرمانی (به کوشش م. رضایی تازیک)، ۲۰۲۵
- *رستم در قرن بیست‌ودوم* (تصحیح انتقادی و مصور)، تالیف عبدالحسین صنعتی‌زاده (ویرایش م. گنجوی و م. منصوری)، ۲۰۱۷

شعر

- *خمار صدشبه*، شعر از منصور نوربخش، ۲۰۲۵.
- دفتر *الحان*، شعر از امیر حکیمی، ۲۰۲۴.
- *با سایه‌هایم مرا آفریده‌ام*، شعر ازهادی ابراهیمی رودبارکی، ۲۰۲۴
- *شهروندان شهریور*، غزل از سعید رضادوست، ۲۰۲۴
- *آینه را بشکن*، شعر از نانائو ساکاکی، ترجمه مهدی گنجوی، ۲۰۲۴
- *عجایب یاد*، شعر از امیر حکیمی، ۲۰۲۳
- *کهکشان خاطره‌ای از غروب خورشید ندارد*، شعر از مهدی گنجوی، ۲۰۲۳
- *غریبه‌هایی که در من زندگی می‌کنند*، شعر از مهدی گنجوی، ۲۰۲۱
- *تبعیدی راکی*، شعر از علی فتح‌اللهی، ۲۰۱۸

داستان

- *An Iranian Odyssey,* a novel by Rana Soleimani, 2025.
- *مستیم و خرابیم و کسی شاهد ما نیست*، رمان از مهدی گنجوی، ۲۰۲۵.
- *اسباب شر*، رمان از جواد علوی، ۲۰۲۵.
- *جلوی خانه ما یکی مرده بود*، مجموعه داستان از اکبر فلاح‌زاده، ۲۰۲۴
- *زینت*، رمان از وحید ضرابی‌نسب، ۲۰۲۴
- *فیل‌ها به جلگه رسیدند*، رمان از کاوه اویسی، ۲۰۲۴

- *مقامات متن*، رمان از مرضیه ستوده، ۲۰۲۴
- *انتظار خواب از یک آدم نامعقول*، مجموعه داستان از مهدی گنجوی، ۲۰۲۰

نمایش‌نامه

- بغلم کن لعنتی، بغلم کن، نمایش‌نامه از علی فومنی، ۲۰۲۵
- یوسف، یوزف، جوزپه، نمایش‌نامه از علی فومنی، ۲۰۲۵
- *درنای سیبری*، نمایش‌نامه از علی فومنی، ۲۰۲۴

برای ارتباط با نشر آسمانا:

asemanabooks.ca

Rayḥān-e Būstān-afrūz

(The Basil that Enlightens the Garden: On the Style and Structure of the Literature of Today's West)

Mirza Agha Khan-e Kermani

Edited by: M. Rezaei Tazik

Asemana Books

2025